L b 56
1480

PLUS D'EXPÉDITIONS LOINTAINES

PLUS D'EXPÉDITIONS AU DEHORS

MAIS EXPÉDITIONS A L'INTÉRIEUR

PAR

J.-L. Constant ROUTHIER

DOCTEUR-MÉDECIN A BAUME.

BESANÇON

CHEZ Mme BAUDIN, LIBRAIRE

ET CHEZ LES PRINCIPAUX LIBRAIRES

1865

PRÉFACE.

Depuis quinze à seize ans le monde a été profondément agité, remué par des événements aussi nombreux que variés. De pareils événements comme il est facile de le comprendre et comme cela était inévitable, ont déjà imprimé aux relations des peuples des modifications inattendues et ils en préparent, ils en recèlent pour les temps futurs de plus étonnantes, de plus radicales encore. Ce mouvement prodigieux, comme tout ce qui est arrivé de grand depuis 1789, est parti de la France.

La révolution de 1848 en fut le signal.

Il est réservé à la grande nation d'éclairer le monde, de précipiter sa marche; il est dans les destinées de la noble France de guider l'humanité dans les voies de l'avenir.

La profonde secousse imprimée aux esprits depuis l'époque si récente que nous venons d'indiquer a amené en Italie, en Prusse, en Autriche, en Allemagne, des révolutions qui n'ont pas encore produit tous les fruits qu'elles sont appelées à donner par la suite. Elle a profondément ébranlé l'arbre du despotisme en Russie, et de cet arbre séculaire, aux racines vivaces et profondes, aux rameaux immenses ombrageant le nord de deux continents, est tombée l'émancipation des serfs.

Dans les années qui ont suivi, l'empire d'Orient menacé par un voisin puissant, le colosse russe dont nous venons de parler, a été sauvé d'une ruine certaine, d'une invasion qui devait infailliblement l'effacer de la carte du monde. Après un service de cette importance rendu par des Chrétiens à des Mahométans, la condition des disciples du Christ si longtemps malheureuse dans cet empire, a reçu quelques modifications avantageuses qui ne sont que le prélude de celles que leur réserve l'avenir.

Les Maronites ont été préservés d'une ruine complète et un peu vengés.

Dans les grandes Indes, les Anglais ont eu à lutter contre une révolution formidable des peuples qui frémissent sous leur joug; ils ont fini par l'étouffer dans le sang de ces malheureux, mais le feu couve toujours sous la cendre, le serpent rampe sous l'herbe, un jour viendra où il relèvera la tête, où l'incendie se rallumera.

Les provinces danubiennes divisées autrefois ont été réunies sous le gouvernement d'un même prince qui les régénèrera et en fera le noyau d'une nationalité qui pourra devenir puissante un jour.

Les barrières de la Chine et du Japon ont été brisées.

Les Cochinchinois ont été punis de leurs cruautés et de

leurs perfidies; une province leur a été enlevée au profit de la France. Enfin le Mexique va être pacifié et le gouvernement de ce beau pays est établi en ce moment sur une base plus stable et plus solide.

A la suite de tous ces événements aussi extraordinaires que nombreux sont survenus des traités qui faciliteront et étendront les relations commerciales entre les peuples, feront prospérer leur industrie et seront des leviers puissants qui élèveront les nations arriérées à un plus haut degré de civilisation.

D'autres guerres encore ruinent, tourmentent, déchirent, ensanglantent le monde.

Dans l'Amérique du Nord, les Etats autrefois unis, maintenant divisés en deux camps, se livrent des combats acharnés, cruels, fratricides, et cela depuis plusieurs années, sans que l'on puisse prévoir l'issue de cette lutte aussi extravagante que sanguinaire. Leur population est décimée, leur prospérité jadis immense, incomparable, sombre au milieu de ces divisions; rien ne peut calmer la fureur qui les pousse à l'abîme.

Dans une île de l'Archipel atlantique appelée autrefois St.-Domingue existe un peuple qui au commencement de ce siècle combattit énergiquement pour sa liberté; il en a joui jusqu'en ces derniers temps où il est retombé sous la domination espagnole; il vient de se révolter pour ressaisir son indépendance si chèrement acquise : la lutte continue avec des chances diverses.

Tunis vient d'avoir une insurrection qui a mis le gouvernement de ce pays à deux doigts de sa perte. Il n'y a pas jusqu'à l'Algérie où s'est faite cette année, une petite levée de boucliers qui a été bien vite étouffée, mais qui, depuis peu de temps, semble vouloir se raviver.

Comme on le voit, le monde entier, depuis quinze ans, a été agité par des révolutions et des guerres incessantes, et ces grandes perturbations, ces déchirements ont tous eu pour causes déterminantes les grands principes de liberté et d'égalité luttant contre les priviléges et le pouvoir arbitraire. On doit en excepter bien entendu, les guerres qui se sont faites au loin contre des peuples barbares pour les punir de leur fourberie et leur apprendre à observer la foi des traités.

Depuis notre immortelle révolution de 89, nos rénovateurs à la voix puissante, pleine de retentissements et d'échos ont jeté dans le monde des idées qui se sont répandues dans l'atmosphère de tous les peuples; les hommes de tous les pays les respirent à pleins poumons, elles ont régénéré leur sang, agité leur âme, elles ont mis les têtes en ébullition; elles seront dans l'univers entier la source féconde d'où sortira la transformation des institutions et des lois; elles établiront les sociétés sur des bases nouvelles, plus justes et plus équitables, comme cela est déjà accompli ou en train de s'accomplir pour plusieurs nations des deux hémisphères.

Autrefois les puissants de la terre entraînaient à leur suite les peuples comme des troupeaux, les conduisant à la conquête de quelques villes, de quelques provinces; maintenant, il faut des idées, des principes pour les mettre en mouvement. Les mortels désabusés, mieux éclairés ne s'entre-déchirent plus, comme au moyen âge, pour quelques lopins de terre. La liberté, l'égalité, les grands principes d'indépendance, voilà ce qui soulève les nations courbées sous les étreintes puissantes d'un despotisme barbare, suranné. Heureuses, mille fois heureuses celles qui peuvent à l'aide d'un effort vigoureux rompre leurs chaînes séculaires. Il en est malheureusement trop dont les efforts répétés viennent se briser bien des fois en vain contre les solides remparts de l'absolutisme. De nos jours, la Pologne nous en fournit un exemple bien affligeant, aussi digne de pitié que d'admiration.

Il est une guerre, néanmoins, qui pendant quelques moïs a occupé une partie du nord de l'Europe, et qui a été entreprise et poursuivie sous l'empire des idées d'autrefois. La Prusse et l'Autriche, deux nations militaires de premier ordre se sont lâchement liguées pour écraser un petit peuple qui ne demandait qu'à vivre en paix dans ses étroites limites. C'est un anachronisme regrettable dont l'avenir se réserve le châtiment.

Tous les ressorts des populations ont dû s'affaiblir par une tension continue, incessante et si longue, de pareils tours de force doivent avoir fatalement un terme. Une halte est devenue nécessaire après les courses furieuses qui ont fait perdre haleine aux peuples. Les nations comme les individus doivent avoir leurs moments de repos; c'est une loi impérieuse de la nature. Aussi toutes les désirent, les souhaitent, les attendent, ces moments si précieux. Il faut espérer que les gouvernants entendront, écouteront la voix puissante de l'opinion qui est et sera longtemps encore la reine du monde. Cette reine impérieuse pousse les peuples vers les travaux de la paix. Le commerce et les industries de tous genres ont obtenu ses faveurs. Mais il est une de ces industries qui semble fixer son attention, exciter son ardente sollicitude, c'est l'Agriculture, elle lui accorde, depuis quelque temps, une protection toute spéciale. Toujours il en aurait dû être ainsi; car, ce sont les produits de la terre qui à eux seuls alimentent les peuples dans l'enfance des sociétés, ce sont eux qui deviennent leur principal soutien pendant qu'ils croissent en civilisation en leur fournissant les moyens qui contribuent de la manière la plus énergique à tous les développements dont ils sont susceptibles, et quand ils sont arrivés à leur maturité, c'est encore dans ces produits qu'ils rencontrent la source la plus féconde de richesses solides, de prospérités durables.

EXPÉDITIONS A L'INTÉRIEUR.

PREMIÈRE PARTIE.

La France est riche et prospère, qui en doute?

Les millions coulent de son sein comme d'une source qui paraît intarissable; voilà ce qui résulte des prodiges que nous lui avons vu accomplir depuis dix ans.

Une révolution formidable venait de jeter la perturbation la plus profonde dans son commerce, son industrie; ses richesses semblaient anéanties, sa fortune paraissait tout au moins gravement compromise; la société ébranlée jusque dans ses fondements devait, en apparence, mettre plusieurs années à se rasseoir sur ses antiques bases; toutes ces effrayantes prévisions ont été heureusement dissipées en quelques moments! Peu de jours d'un gouvernement stable et fort ont suffi pour essuyer le sang et la poussière qui la souillaient. Ses plaies, qui semblaient devoir être si profondes, se sont cicatrisées comme par enchantement. En vérité, quand l'attention s'appesantit, quand la réflexion se concentre sur tous ces faits, il semble qu'on y découvre quelque chose de miraculeux. Ceux qui ont assisté à ces événements (et le nombre en est si grand encore), quand ils les repassent dans leur mémoire, croient faire un de ces rêves merveilleux qui se dissipe avec le sommeil qui l'avait engendré. Il n'en est rien, cependant: jamais il n'y eut de réalité mieux établie. Oui, quelques jours ont suffi à la France pour sortir triomphante des épreuves terribles qu'elle avait subies.

La grande nation s'est retrouvée, en un moment, plus riche, plus forte, plus puissante, plus radieuse que jamais.

Le colosse du Nord, qui couvait du regard, depuis plus d'un siècle, l'antique capitale de l'empire d'Orient, avait cru le moment propice pour saisir la précieuse proie qu'il convoitait depuis si longtemps. Le malade était agonisant, disait l'orgueilleux autocrate; il avait pensé que d'un revers de sa main puissante il pourrait le précipiter dans la mort, le sceller pour jamais dans la tombe. Il ignorait que la France, édifiée depuis longtemps sur tous ses projets ambitieux, surveillait attentivement ses démarches; ou plutôt croyant cette France anéantie par les étreintes convulsives qu'elle venait d'essuyer, il ne pouvait supposer qu'à peine échappée de la fournaise ardente des révolutions au milieu de laquelle elle avait dû laisser sa vigueur et ses forces, elle pourrait, en quelque sorte, par un mouvement surhumain, ressaisir sa formidable énergie. Mais ses prévisions furent cruellement déçues quand il vit nos légions ardentes franchir d'un bond la vaste mer, et paraître tout à coup pleines de vigueur et d'entrain au pied du boulevard qu'il avait élevé devant l'empire d'Orient et où il avait forgé les foudres destinées à l'écraser. Cette ville fameuse, que le génie de la guerre s'était épuisé à rendre en quelque sorte inaccesible, se considerait comme inexpugnable ; elle semblait défier les forces du monde, surtout gardée qu'elle était par les troupes nombreuses et aguerries d'un maître si puissant qu'il se croyait appelé à dominer les destinées des nations. Il appartenait à la France, qui avait jeté en terre les idées libérales de 89, où elles avaient germées et fructifiées sous sa protection toute-puissante, de donner une terrible leçon au despote qui rêvait l'oppression des peuples. Aussi nos valeureux soldats après avoir, dans trois grandes batailles, mis en déroute les armées de l'autocrate, bouleversèrent et escaladèrent les remparts réputés imprenables où s'étaient réfugiés leurs restes. La flotte que l'intraitable Nicolas avait abritée dans le port de cette forteresse et qu'il avait destinée à jeter la mort et l'incendie dans la grande capitale fondée par Constantin, ne servit plus qu'à combler ce port, qu'il avait fait creuser à si grands frais. Alors, de tous les coins du monde partirent des cris d'admiration en faveur de ces vaillantes légions qui venaient de planter l'immortel étendard de la liberté sur le plus formidable boulevard qu'ait jamais élevé le despotisme ambitieux, insatiable de conquêtes. Ce fut un bien juste tribut d'hommages rendu à nos guerriers, aussi intrépides qu'audacieux, puisque les vaincus eux-mêmes ne le leur refusèrent point. Ceux qui envisagèrent nos succès, dans ces circonstances à jamais mémorables, avec le moins de bonheur, ce furent, peut-être, les Anglais qui marchèrent à nos côtés, dans cette grande expédition, mais lentement, péniblement, à pas mesurés et comptés, comme il convient à la gravité de cette nation.

A peine nos armées étaient-elles rentrées sur le sol de la patrie, couvertes des lauriers qu'elles avaient si péniblement moissonnés dans les plaines meurtrières de la Crimée et sous les murs de Sébastopol, que l'Autriche, cette ancienne rivale de la France sur le continent européen, voulut entrer en lutte avec nos soldats qu'elle avait vus invincibles, surmontant des obstacles sans nombre accumulés sous leurs pas dans des régions lointaines, par une nation colossale et guerrière : ce fut à une condition, cependant, c'est qu'elle choisirait son champ de bataille. Nos guerriers, ayant l'empereur à leur tête, n'hésitèrent pas à accepter le défi dans le champ clos où ils avaient été conviés par leur adversaire. Ce fameux quadrilatère, flanqué aux quatre coins de forteresses des plus redoutables qui semblaient l'enserrer, l'étreindre de toute part comme dans un cercle de pierre, de bronze, de fer et de feu, avait été parcouru par les troupes autrichiennes dans tous les sens ; elles en connaissaient tous les coins et recoins ; par des manœuvres répétées, elles avaient figuré toutes les batailles, simulé tous les combats qui pouvaient y être livrés : et il semblait convenu en Europe que toute armée étrangère qui oserait s'y aventurer y trouverait une ruine complète, inévitable. Il devait en être autrement, cependant. L'armée française ne tarda pas à déjouer toutes les prévisions de ses ennemis et à dissiper les craintes de ses amis. La grande et meurtrière bataille de Solférino et la victoire qui s'en suivit, vint donner raison à l'audacieuse entreprise des valeureux soldats de notre nation, qui ont pour habitude d'étonner le monde par leurs prodigieux succès.

Ainsi, à l'exemple de la Russie, l'imprudente Autriche, qui nous supposait affaiblis par nos discordes civiles et plus encore par l'effort immense que nous venions de faire en Crimée, subit la trop juste peine de ses provocations insensées. Et, malgré qu'elle eût accumulé toutes les précautions, usé de tous les artifices pour appeler la victoire sous ses drapeaux, elle fut obligé de courber le front sous une des plus sanglantes et des plus ruineuses défaites qui lui aient jamais été infligées, tant pour son honneur que pour l'influence prépondérante qu'elle s'était arrogée et qu'elle exerçait incontestablement, depuis plus de quarante ans, sur une des plus belles parties de l'Europe.

C'est ainsi que les peuples forts savent punir les ennemis qui veulent mettre à profit les circonstances malheureuses qui semblaient devoir les paralyser. Autrefois Mithridate, profitant des dissensions qui ensanglantaient Rome par suite des divisions qui régnaient entre Marius et Sylla, déclara la guerre à la république et parcourut l'Asie et la Grèce en vainqueur. Mais Sylla, oubliant ses intérêts particuliers pour courir au secours de ceux de sa patrie, le vainquit dans la personne de son lieutenant, à Chéronnée et à Orchomène, et après avoir dispersé sa flotte, contraignit le roi de Pont à la paix, lui faisant restituer toutes ses conquêtes et payer les frais de la guerre.

Dans une autre occasion, ce même Mithridate, voyant les Romains aux prises avec les esclaves, dont l'insurrection avait été fomentée par le fameux Thrace Spartacus, lorsqu'ils avaient déjà sur les bras la guerre d'Espagne, où Sertorius occupait les plus grands généraux de la république, et qu'ils étaient, en outre, harcelés sur mer par les pirates de la Galicie, résolut, à l'exemple d'Annibal, de porter la guerre en Italie, sous les murs de cette Rome formidable, terrible, l'éternelle ennemie des rois. Cette fois encore, il fut vaincu par Lucullus, qui lui enleva son royaume.

Au reste, qu'est-il besoin d'aller chercher des exemples dans l'antiquité pour prouver que les nations vigoureuses savent trouver, au milieu de leurs plus grands malheurs, des conjonctures les plus difficiles, en apparence les plus désespérées, des ressources imprévues qui leur permettent de vaincre les rigueurs du sort et de dominer les événements.

En 1793, la France déchirée par la plus sanglante révolution qu'on ait jamais vue jusqu'ici venir effrayer l'humanité, nos pères n'improvisèrent-ils pas des armées qui, malgré le plus affreux dénûment, jetèrent cependant l'effroi au milieu des légions de l'Europe coalisée contre nous, et qui, après les avoir refoulées loin du sol de la patrie, portèrent la terreur au milieu des nations qui avaient cru profiter de nos discordes pour nous imposer la loi?

Les Français d'aujourd'hui sont les dignes fils de leurs ancêtres, ils sont loin d'avoir dégénéré! La grande nation porte au front la marque indélébile des peuples privilégiés, le signe éclatant que la providence imprime à ces peuples, quand elle les appelle à de hautes destinées! Oui, c'est à ces signes, qui portent l'empreinte d'une virilité puissante, extraordinaire, que se décèlent les nations prédestinées à la domination! C'est ce que j'espère établir plus tard, d'une manière irrécusable, dans une œuvre de longue haleine, pour ce qui regarde notre grande et belle France.

Après ces deux guerres en Europe, les soldats de la patrie furent entraînés aux extrémités du continent asiatique. Là, des nations sans bonne foi, ayant érigé la fourberie en système, nous contraignirent d'aller leur commander le respect aux engagements pris, aux traités.

En Cochinchine, ils conquirent une vaste province très-fertile, qui pourra devenir, avec le temps, une colonie puissante; ou bien, en cas d'abandon, nous ne manquerons pas d'obtenir une indemnité très-considérable.

En Chine, ils brisèrent les barrières qui fermaient ce vaste empire depuis un temps immémorial, et lui interdisaient toute espèce de relations avec les autres peuples. C'est avec un étonnement mêlé d'admiration que l'on contempla une poignée de Français traversant l'empire le plus grand, le plus peuplé de la terre, et forçant cette nation qui s'était crue inexpugnable et hors d'atteinte à recevoir les conditions qu'on voulut bien lui imposer.

Il y a cinquante ans, en 1814, à cette époque de funeste mémoire, lorsque le sol de notre patrie était foulé par le pied de l'étranger, lorsque frémissants, nos trop malheureux pères courbaient la tête sous le joug d'une coalition formée contre eux depuis 25 ans, s'il s'était rencontré un homme qui, perçant les obscurités de l'avenir, la nuit des temps, eût prédit que moins d'un demi siècle après, sous le règne d'un neveu de celui que l'on appelait alors l'*Ogre de Corse*, une toute petite armée française irait planter le drapeau tricolore sur les murailles de Pékin, drapeau qu'en ces jours de deuil pour la grande nation humiliée, on traînait dans la fange ; je le demande, comment eût été traité un pareil prophète ? Et, cependant, les jours néfastes se sont écoulés, les temps ont marché, les faits se sont accomplis, et des événements inimaginables, en ces moments d'épreuves cruelles dont nous parlons, sont venus étonner le monde. Mais aussi, c'est que la France renferme dans ses flancs des germes de force et de vigueur incomparables et qui appartiennent à elle seule. On a beau, en un instant donné, la couvrir de cendre et de poussière, lorsqu'on la croit ensevelie pour jamais sous les décombres de sa grandeur, il vient un jour où, secouant cet ignoble linceul, elle reparaît subitement aux regards des peuples étonnés, resplendissante comme le soleil, les effrayant par son audace, par la fierté de ses allures et par son irrésistible puissance qui s'impose aux nations comme un fait incontestable.

A peine avions-nous terminé les expéditions lointaines de Chine et de Cochinchine que tout à coup retentissent à nos oreilles effrayées les cris perçants, cris de désespoir d'un tout petit peuple qui vit péniblement au milieu des rochers du Liban. Nos infortunés coréligionnaires, les Maronites, succombaient déchirés par le fer, brûlés par le feu des Druses, et cela en face des disciples de Mahomet qui regardaient impassibles, avec l'œil terne de la fatalité, toutes ces horreurs, tous ces massacres, toutes ces dévastations, et qui sait, prêtaient même, peut-être sous mains, leur appui aux cruels meurtriers, excitaient en secret les abominables incendiaires. Cette petite nation, qui, depuis des siècles, s'est placée sous notre protection, ne réclama jamais en vain nos secours : ils lui étaient dus. Le peuple français répondit par des cris de vengeance aux cris de désespoir poussés par ces infortunés. Un petit corps d'armée, après quelques résistances de nos amis les Anglais, partit enfin pour infliger aux coupables une juste punition, un châtiment trop bien mérité qui, assurément, ne fut point administré d'une manière assez sévère, et pour rétablir l'ordre dans ces contrées dévorées, ravagées par les dévergondages du fanatisme, peut-être encore par les excitations d'une politique insensée, barbare.

Enfin, une dernière expédition très-lointaine fut résolue dans les conseils du gouvernement sans qu'on en pût deviner les véritables raisons, pénétrer les motifs réels. Aussi l'on peut dire, sans crainte d'être taxé d'exagération, qu'elle a encouru la réprobation de la nation française à peu près entière. Le gouvernement français a eu, tout dernièrement, dans des conjonctures très-importantes pour lui, l'occasion de pénétrer les sentiments du public à cet égard. Quoi qu'il en soit, ici comme partout ailleurs, les soldats français se sont montrés admirables de patience et de bravoure ; et la guerre du Mexique se termine ce moment à la satisfaction générale des deux nations qui y étaient particulièrement intéressées. La France aura attaché un fleuron de plus à sa couronne, elle aura sauvé de l'anarchie un grand empire qui, s'il sait mettre à profit les bienfaits d'un gouvernement réparateur, fort et libéral, pourra prendre plus tard une belle place parmi les nations qui honorent l'humanité en faisant fleurir dans leur sein les sciences, les lettres, les arts, l'industrie et le commerce. Si les Mexicains savent imiter les Etats-Unis, qui reçurent jadis de nous les mêmes bienfaits et les mêmes secours que ceux qui viennent de leur être accordés, nous aurons droit de nous consoler de l'expédition coûteuse et pénible que nous venons de mener à bonne fin.

Nous avons énuméré à grands traits toutes les grandes entreprises qui ont été commencées et heureusement achevées par la France, dans la courte période des dix dernières années. Après les effrayantes commotions, les secousses terribles qui venaient de la remuer jusque dans ses fondements, ces hauts faits, si promptement accomplis, mettent en évidence de la manière la plus claire, la plus admirable, la plus surprenante, l'énergie et la force que recèle cette nation, de nos jours incomparable. Ils mettent en relief, d'une manière non moins patente, les étonnantes ressources matérielles que ce grand peuple est à même, dans un court espace de temps, de réunir pour les placer à la disposition de son gouvernement.

Mais le front de cette France, depuis longtemps, est ceint d'une immense quantité de couronnes de lauriers. N'aura-t-elle donc jamais assez moissonné de gloire sur les champs de bataille ? Le moment ne serait-il pas venu où il serait temps pour elle de chercher dans un autre ordre de choses une gloire non moins pure, non moins éclatante et infiniment plus profitable à ses enfants, à sa population généreuse qui jette à profusion entre les mains de ses gouvernants les millions, fruits de ses grandes et précieuses épargnes, pour être répandus au loin dans le but d'obtenir des résultats tout à fait problématiques ? Ces monceaux d'or que l'on dissémine à travers le globe seraient, cependant, si utilement employés à l'amélioration du sol d'où ils sortent et où ils pourraient rentrer d'une manière tellement fructueuse, qu'ils produiraient le centuple, si l'on voulait bien calculer tous les genres d'avantages qui pourraient en résulter, et que nous allons essayer de faire ressortir. Et puis ce ne sont pas seulement les richesses de la France qui disparaissent enfouies dans ces expéditions, c'est encore la fine fleur de sa jeunesse que l'on conduit à la recherche d'une mort prématurée dans ces plaines à peine connues et toujours meurtrières, non-seulement par le fer et le feu des ennemis qu'elle y rencontre, mais plus encore par les miasmes pestilentiels qui viennent si souvent infecter sa constitution en y développant des maladies qui défient tous les efforts de la science. Oui, il est temps, grand temps que le plus pur sang des plus vigoureux enfants de la nation ne serve plus à arroser des plages désolées, insalubres, peuplées seulement de quelques barbares indignes de tout l'intérêt qu'on se plaît à leur accorder !

Que d'hommes moissonnés au début de la vie, précipités dans une tombe obscure, loin de la terre qui les vit naître, et qui auraient peut-être brillé dans les sciences, les lettres, illustré leur patrie et servi l'humanité par des découvertes utiles, brillantes même; qui auraient pu faire fleurir les arts, jeter la prospérité dans l'industrie, le commerce, et dans l'agriculture surtout, cette grande source toujours intarrissable de la richesse des peuples ! Et encore que de villes détruites, de campagnes désolées; que de vieillards, de femmes, d'enfants, victimes innocentes et inoffensives foulées aux pieds d'une soldatesque effrénée; que de richesses de toute sorte pillées, brûlées, anéanties dans ces luttes gigantesques que le génie de la discorde allume parmi les hommes.

En vérité, on est pétrifié d'horreur quand l'on considère les maux incalculables, les terribles malheurs qui trouvent leur funeste origine dans la guerre, et l'on se surprend à maudire les nations ou les hommes qui les cherchent et les provoquent.

L'imagination est bouleversée, la raison de tout homme sensé reste confondue, quand l'on voit les peuples les plus grands, les plus civilisés, dépenser tant d'or, briser tant de vies précieuses, employer tant d'énergie, développer tant de forces, d'activité, de science même pour obtenir de si funestes résultats, pour arriver à de si déplorables conséquences !

Malgré ces considérations qui militent toutes d'une manière si puissante contre les guerres qui viennent si souvent désoler, bouleverser le monde, on est obligé de reconnaître que ces guerres sont quelquefois inévitables, que souvent, trop souvent, elles deviennent d'une absolue nécessité. Mais, enfin, il est un terme à tout, et ce terme semble fort heureusement être arrivé, en ce moment, pour la France, à moins qu'on ne veuille faire du peuple français un peuple de Don Quichottes, de chevaliers errants chargés de redresser les torts de toutes les nations du globe, de leur donner des institutions et des lois, sous prétexte que celles qu'elles ont adoptées elles-mêmes ne leur conviennent point. Alors, ce serait un jeu auquel la population de l'empire, ainsi que toutes ses richesses, son immense prospérité seraient loin de suffire. Il est donc temps d'en finir avec ces expéditions chevaleresques qui deviendraient souverainement ridicules, surtout souverainement ruineuses, et qui ne manqueraient pas d'exaspérer la nation, qui commence déjà à perdre passablement de son calme (1).

Il n'y a pas un homme dans le pays, quelque peu au courant de la chose publique, qui ne sache que les guerres, les expéditions lointaines et très-lointaines dont nous venons de parler coûtent à la nation trois milliards environ, et cela en dix ans, ce qui équivaut à dire trois cents millions par année. Eh bien ! si l'on avait mis, je ne dis pas toute cette somme, mais le tiers de cette somme énorme entre les mains de ces hommes jeunes, robustes, actifs, qui sont allés loin de leur patrie terminer prématurément une vie qui semblait pleine d'avenir, et qu'on leur eût assigné comme une tâche digne de leurs efforts quelques-unes de ces grandes améliorations que réclame si impérieusement le vaste terrain de la France, à quels résultats ne serait-on déjà pas parvenu ? Et puis, la plupart de ces hommes qui depuis longtemps reposent dans la tombe seraient encore pleins de vie et plus disposés que jamais à être utiles à leurs semblables et à prodiguer leurs services au pays.

[1] Cependant elle se rassure depuis que l'expédition du Mexique semble toucher à sa fin. Mais, assurément, il serait peu prudent d'en recommencer une pareille.

Il y a une chose qui me paraît bien certaine, c'est que la nation a bien quelques droits de réclamer pour elle-même les ressources immenses qu'elle a à sa disposition, qu'elle ne doit plus permettre qu'on les jette d'une manière inconsidérée sur des terres étrangères, au grand détriment de sa production intérieure, de la santé et de la richesse de ses habitants. En effet, c'est à l'aide de ces grands biens, tout imparfaitement développés qu'ils aient été jusqu'ici, qu'elle a pu atteindre à ce degré de force, de grandeur et de puissance qui lui ont définitivement assigné un rang si éminent dans le monde, rang qu'elle a su conquérir envers et contre tous, malgré les fautes sans nombre de ses gouvernants et les attaques si souvent répétées des envieux, des ennemis de sa prospérité croissante. Que sera-ce quand elle aura donné à tous les avantages dont elle est en possession, tous les développements dont ils sont susceptibles ?

Il serait difficile, en parcourant l'histoire des empires, de trouver un peuple qui ait subi autant et d'aussi effrayants désastres que ceux qui ont été infligés au peuple français par la politique inhabile des gouvernements qui ont présidé à ses destinées depuis la fin du règne de Louis XIV seulement jusqu'à 1815. Et depuis cette époque, que d'erreurs encore qui n'ont pu être prévenues par des avertissements énergiques et réitérés et qui ont fini par être si cruellement punis par deux révolutions qui ont fait, pour un instant, chanceler la fortune de la nation et ébranler l'Europe entière. Il faut espérer que le gouvernement actuel, mieux avisé, éclairé par les fautes de ceux qui l'ont précédé dans la carrière tiendra un meilleur compte de l'opinion publique ; qu'au lieu de contrarier, il cherchera à seconder les tendances et les aspirations du peuple français, tendances et aspirations qui lui sont assurément toutes dictées par le besoin impérieux qu'il a de développer ses ressources intérieures en y consacrant les richesses qui sont le fruit de ses épargnes, de ses sueurs. Il reste, effectivement, bien convaincu, ce peuple si clairvoyant, que c'est de cette manière seule qu'il pourra sûrement faire surgir à la surface de son territoire toutes les sources de prospérité qu'il renferme dans ses profondeurs, et arriver, par les progrès du temps, en doublant sa fortune et peut-être sa population, à un degré de puissance et de force plus considérable que s'il consacrait ses efforts à faire de nouvelles conquêtes qui ne manqueraient pas d'avoir pour résultats inévitables de stériliser son sol en dissipant ses ressources pécuniaires et en le privant de ses plus robustes enfants.

SECONDE PARTIE.

Il est clair que la France croit qu'elle a assez de gloire militaire comme cela ; elle pense que le moment est venu pour elle de consacrer ses capitaux et ses bras à d'autres travaux. Elle a ses grandes et petites voies de communication à achever, elle entend qu'on continue à y travailler activement, elle a son commerce et ses différentes industries à faire fleurir, et parmi ces industries il en est une, surtout, et des plus importantes, qui a été malheureusement laissée dans l'oubli, qui, depuis quelque temps, semble attirer son attention d'une manière spéciale, elle veut qu'on la féconde ; car c'est celle-là qui occupe le plus grand nombre de ses habitants, c'est de celle-là qu'elle est appelée à retirer la plus grande somme de richesses ; c'est sur celle-là que se base sa force et sa puissance ; c'est par celle-là, enfin, que toutes les autres prospèrent. Chacun comprend que je veux parler de la culture de la terre, *mater alma*, la mère nourricière des peuples.

On nous parle sans cesse de nos progrès en agriculture. Eh bien ! en quoi consistent-ils donc ? Ce sont tout simplement quelques défrichements, quelques drainages, efforts isolés, accomplis par de rares propriétaires dévoués ; ce sont encore quelques instruments plus ou moins perfectionnés, les uns d'une utilité incontestable, le plus grand nombre n'ayant qu'une utilité douteuse, réclamant pour l'avenir un perfectionnement qu'ils n'obtiendront peut-être pas. Voilà, en peu de mots, le bilan de nos progrès tant vantés et que l'on proclame si haut. Vraiment, de pareilles conquêtes peuvent bien exciter notre fierté, enflammer notre orgueil ! Nous n'avons plus à faire que de monter au Capitole pour rendre grâces aux dieux !

Je ne parle pas des comices, des congrès et des sociétés agricoles, tout cela n'a pu faire sortir encore l'agriculture française des vieilles ornières du passé, et l'on ne pourra l'en arracher de sitôt, si des efforts plus actifs, plus efficaces, plus intelligents, ne sont pas tentés par le gouvernement ou par des sociétés puissantes auxquelles il accordera son patronage.

Oui, il est vrai, il est malheureusement bien trop vrai que notre agriculture croupit dans une infériorité désolante ! Tout est vicieux, tout porte l'empreinte de la routine la plus dégradante dans cette industrie capitale pour la nation ! Les procédés comme les instruments, tout est arriéré, imparfait, insuffisant, de tout point indigne d'un siècle de lumière, d'un peuple éclairé ! Si l'on rencontre çà et là quelques domaines mieux exploités, cultivés avec des procédés qui peuvent recevoir l'approbation de la science, avec des instruments mieux perfectionnés, ce sont comme de rares éclairs sillonnant un nuage profondément obscur qui couvre un vaste ciel : encore le public ignorant leur refuse-t-il son approbation. Il est temps, grand temps, on ne peut trop le redire, on ne doit même se lasser de le répéter, que la lumière se fasse au milieu des ténèbres qui enveloppent cette industrie mère ; il y va de l'avenir de la patrie, sa fortune et sa prospérité en dépendent. Le sort de vingt et quelques millions d'hommes, sur moins de quarante qui peuplent la France, y est attaché, et cela, ce me semble, vaut bien la peine qu'on s'en occupe d'une manière sérieuse, persévérante, surtout si l'on considère que cette population agricole est la plus forte, la plus vivace, la plus valide et la plus amie de l'ordre ; que c'est principalement dans son sein que se recrutent les éléments qui constituent la force persistante, inébranlable, de ces armées qui font et ont toujours fait la gloire de la nation. Et cependant on se sent le cœur navré, l'âme pénétrée de la douleur la plus profonde, quand on voit cette population si intéressante attendre dans ses chétives demeures, aux prises avec toute sorte de besoins, le fruit de son dur labeur. Elle arrose constamment la terre de ses sueurs, mais elle n'obtient jamais des fruits dignes de ses incessantes fatigues, parce qu'elle ne connaît pas les bonnes méthodes, parce qu'elle ignore les procédés qu'enseigne la science pour faire sortir de la terre des produits qui seraient la juste rémunération de tant de travaux persévérants, en un mot, parce qu'elle se traîne dans les vieilles routines qui la plongent dans la misère, la précipitent dans la ruine : et cependant, un peu plus de lumière aurait infailliblement conjuré tous les maux qui l'accablent.

Il est certain que si l'on veut imprimer un progrès durable, sérieux, véritablement fécond à l'agriculture, il faut, de toute nécessité, faire pénétrer dans la classe ouvrière des champs, les éléments des sciences qui sont indispensables à la pratique de son industrie. Que sont, je le demande, quelques fermes modèles égrenées dans l'empire ? Ce n'est pas que je veuille prétendre qu'on ne dipense pas à leurs rares élèves une bonne instruction. Je me garderais bien d'avancer une proposition pareille qui serait entièrement contraire à ma pensée, au moins pour ce qui regarde la pratique ; mais les cultivateurs éloignés, non-seulement ne connaissent pas l'utilité de ces formes, il est très-vrai de dire que le plus grand nombre n'en soupçonne même pas l'existence. Si l'on veut donc résolument entrer dans le progrès agricole, il est parfaitement clair que ce sera à d'autres moyens que l'on devra, de toute nécessité, s'adresser.

L'homme qui pense sérieusement, après de mûres réflexions sur la matière, sera toujours surpris d'une chose : c'est que toutes les autres industries ont des écoles destinées à enseigner l'ensemble des sciences nécessaires à ceux qui veulent s'y livrer : telles sont les écoles des arts et métiers, l'école centrale ou les écoles centrales des arts et manufactures. Là, de nombreux jeunes gens vont puiser des connaissances variées qui les rendent aptes à diriger les travaux dans les manufactures de tout genre, à surveiller et à améliorer les mécaniques sans nombre qui fonctionnent dans ces établissements. Depuis que ces moyens d'instruction ont été mis à la disposition de la jeunesse, chacun a pu se convaincre de leur utilité, le gouvernement lui-même a su en apprécier tous les avantages. Eh bien ! maintenant, comment comprendre que l'industrie agricole qui, d'après le sentiment public, l'opinion la plus universellement répandue, est la clef de voûte de la fortune et de la puissance nationales, n'ait point encore d'écoles où l'on enseigne les sciences dont la réunion est nécessaire à son développement, indispensable à ses progrès ? On laisse croupir ceux qui s'y livrent dans une ignorance dégradante qui est la source d'où découle cette vieille et ruineuse routine qui, de nos jours, semble devoir être incurable. On leur refuse l'instruction, ou plutôt on dédaigne de leur donner les connaissances qui les relèveraient à leurs propres yeux, qui jetteraient, avec les lumières, l'abondance dans les familles des campagnes et dans la nation tout entière, leur feraient aimer les champs qu'ils abandonnent trop souvent au grand détriment de la culture du sol et par conséquent de la prospérité publique. Et c'est en plein dix-neuvième siècle, dans ce siècle qui, avec un juste orgueil, a été appelé le siècle des lumières, qu'on a le regret de constater un pareil fait. En vérité, c'est une aberration qui est inconcevable de la part de la nation la plus éclairée de la terre. Et puis, ce ne serait pas encore assez que des écoles spéciales pour cette industrie. L'agriculture, qui a sa place marquée à l'Institut, devrait avoir aussi ses chaires dans nos facultés des sciences. Là, des hommes éminents se livreraient à des considérations élevées sur cette branche si essentielle des connaissances humaines, qui ne manqueraient pas d'être mises à profit par les agriculteurs éclairés qui consacrent leur existence à l'amélioration du sol.

Voilà donc deux points qui me semblent bien établis.

1° C'est que l'instruction est nécessaire aux cultivateurs, si l'on veut que l'agriculture soit prospère.

2° C'est que si l'agriculture est restée jusqu'ici stationnaire, c'est à l'ignorance de ceux qui s'en occupent qu'il faut l'attribuer.

Donc il faut chercher et trouver les moyens de répandre parmi les cultivateurs les lumières qui sont indispensables à la prospérité de leur industrie. Ceux que je viens d'indiquer sont-ils les seuls ? Il est bien possible que non. Le temps est un grand moniteur dont nous recevrons les avis plus tard : nous saurons en profiter.

Si c'est sur l'instruction sagement dispensée à la masse des cultivateurs que l'on doit fonder le juste espoir des plus grands succès qui sont réservés à l'agriculture française pour les temps futurs, il est cependant vrai de dire que l'industrie particulière, quelle que soit sa bonne volonté, quelque active et éclairée qu'elle puisse devenir, ne peut aborder les vastes entreprises qui nécessitent une grande réunion de capitaux et de bras. Ces entreprises gigantesques ne peuvent être commencées avec l'espoir sérieux, légitime, de les conduire à bonne fin, que par l'Etat qui a à sa disposition les ressources incomparables que peut seul donner le gouvernement d'un grand peuple, ou bien encore, par des sociétés ayant réuni des capitaux considérables et reconfortées par le patronage tout puissant du pouvoir de la nation qui viendrait leur prêter l'incomparable appui de son immense crédit.

C'est évidemment dans cette catégorie que doivent être placés les travaux grandioses que nous allons signaler, et qui probablement jetteront l'étonnement dans l'esprit de plus d'un lecteur. En effet, il ne serait nullement surprenant que le plus grand nombre d'entre eux ne s'attendît point au déclin du dix-neuvième siècle, au sein de cette France si avancée en civilisation, à rencontrer d'immenses quantités de terrains qui, au lieu de répandre l'aisance, la richesse, l'abondance au milieu des populations, n'y déversent que la misère, la maladie et la mort! Et c'est cependant ce qui existe depuis des siècles sur le sol qu'habite ce peuple grand, généreux, humain par-dessus tous les autres : c'est au milieu des provinces qui furent le berceau de cette nation que l'on vit si souvent poussée par le sentiment d'humanité qui fut tant de fois son unique mobile, accourir au loin pour délivrer les peuples des fureurs du despotisme barbare, de l'anarchie sanguinaire et cruelle, et les appeler à jouir des bienfaits d'une sage liberté, que l'on rencontre d'immenses plaines pestilentielles qui condamnent un bon nombre de ses enfants à une vie chétive, maladive, pleine d'angoisses, et à une mort prématurée. Quel est l'homme, le Français surtout, qui pourrait considérer, je ne dis pas de sang-froid, mais sans l'horreur la plus profonde, sans avoir l'âme inondée de douleurs, ces marécages, laboratoires immenses où se fabriquent incessamment les miasmes pestilentiels qui doivent être ensuite vomis sur de malheureuses populations qui végètent au milieu des tourments, des agitations, des ardeurs de la fièvre, et qui finissent par succomber sous le poids de maux aussi longs que cruels. La France qui, depuis dix ans, comme nous venons de le dire, a jeté trois milliards dans les mains de ses gouvernants pour des guerres et des expéditions lointaines, n'aurait-elle pas le droit, aujourd'hui, de demander qu'on employât ses grandes épargnes à détruire les terribles ennemis que nous venons de signaler, et qui dépuis un temps immémorial lui font une guerre acharnée, de tous les instants. Voilà, ce me semble, les expéditions qui nous seront désormais commandées au nom de l'humanité, au nom de nos intérêts les plus puissants et les plus pressants : celles-là seront dignes de notre siècle, de notre époque ; elles ne feront point couler les larmes des familles, au contraire en jetant l'aisance an sein des peuples, en leur procurant les avantages incomparables de la santé, elles feront naître chez eux la joie, la félicité et le bonheur.

Jusqu'ici on a tout fait pour les villes ; on les a ornées de splendides monuments, on les a percées de larges et magnifique rues, on a paré leurs belles places de statues, de colonnes, d'arcs de triomphe; de prodigieuses dépenses ont été faites pour leur construire des quais destinés à les mettre à l'abri des inondations qui leur furent si souvent désastreuses ; pendant la nuit de riches candélabres les inondent par les flots de leurs lumières féeriques ; puis, elles ont été traversées par de spacieux boulevards, on leur a dispensé, et avec raison, l'air en abondance ; enfin, on les a assainies par de larges et nombreux égouts.

Il est curieux de voir, dans *les Misérables* de M. Victor Hugo, ce qu'ont fait, en ce genre, pour Paris, les différents gouvernements qui se sont succédé. Il y a au moins autant de rues souterraines qu'il y en a à la surface : par les unes, à la vérité, cheminent les hommes, tandis que par les autres s'écoulent leurs immondices. Ce qui a été mis à exécution pour Paris a servi de modèle aux grandes et petites villes de province qui l'ont imité dans les limites de leurs forces, des ressources qui leur étaient accordées ou qu'on leur laissait se créer. On a donc fait pour les villes les choses les plus grandioses ; personne n'a le droit de s'en plaindre, au contraire, tout le monde doit applaudir à des travaux qui ne peuvent qu'honorer une nation civilisée et ajouter à l'éclat qui doit toujours l'environner. Mais l'heure a enfin sonné où les campagnes doivent avoir leur tour. En effet, on a peine à comprendre qu'au milieu de cette France, aux cités magnifiques et splendides, on rencontre, de nos jours, une Dombe, marais fangeux de 90,000 hectares, qui infecte le département de l'Ain ; la Forez, de 100,000 hectares, qui répand ses miasmes dans le département de la Loire ; la Poume, de 105,000 hectares, foyer de mort pour le département de l'Indre ; la Sologne, de 460,000 hectares, qui jette la ruine et la désolation dans trois départements, le Loir-et-Cher, le Loiret et le Cher ; les Landes, de 450,000 hectares, qui stérilisent une partie de la Gascogne. Voilà donc un chiffre énorme de 1,205,000 hectares de terres qui non-seulement sont frappés de stérilité depuis des siècles, ce qui est déjà un bien grand malheur pour ces contrées infortunées et même pour la France entière. Mais lorsque l'homme ami de l'humanité et de sa patrie considère que l'infécondité qui afflige ces plaines désolées, n'est que le moindre des maux qui les accablent, il se sent l'âme oppressée, le cœur navré, il succombe involontairement sous le poids de je ne sais quelle douleur mélancolique qui le jette dans une espèce de prostration et d'anéantissement indéfinissable, puis secouant tout à coup cette torpeur qui opprimait ses facultés, il ne tarde pas à sentir le feu de l'indignation qui, lui montant au front, vient ranimer son intelligence, et dans le transport de sa raison froissée, il s'écrie : Non, ce n'est point aux extrémités de la terre que la France doit jeter ses épargnes, mais c'est bien ici, au beau milieu de son territoire, sur ces plaines stérilisées, infectées, empestées, qu'il faut qu'elle dépense ses millions, ses milliards même, s'il le faut ! ! !

Que remarque-t-on, effectivement, dans ces lieux où le pieds de l'homme ne foule qu'une fange infecte, où ses poumons ne respirent qu'un air saturé de miasmes pestilentiels, où les rayons du soleil ne réchauffent la terre que pour en faire sortir des émanations qui sont mortelles pour ses rares habitants? Là, les hommes et les animaux sont chétifs, malingres, pâles, étiolés ; ils respirent et boivent le poison dès leur entrée dans la vie ; les maladies paralysent leur accroissement ; ils végètent dans les angoisses de la misère et de la douleur ; au matin de leurs années, la tombe entr'ouverte les appelle et les recouvre comme des vieillards usés non par le temps, mais par les souffrances ! Tant de maux, tant de calamités, tant de douleurs, tant de désolations n'émotionneront-ils jamais ceux qui président aux destinées de la France.

Quand on est témoin d'un aussi affligeant spectacle, on ne peut accueillir qu'avec la rougeur et l'indignation au front, le sourire de la pitié sur les lèvres, le sarcasme dans la bouche ceux qui viennent nous parler des prétendus progrès de l'agriculture.

Dans ce temps où la science s'est enrichie de tant et de si brillantes découvertes que l'humanité serait si heureuse de voir mettre à profit, à une époque où foisonnent les hommes d'une supériorité intellectuelle, remarquable, qui ne demanderaient pas mieux que l'on voulût bien utiliser leurs connaissances si péniblement acquises ; de nos jours où les capitaux abondent quand il s'agit de mener à bonne fin ces entreprises d'une utilité générale bien avérée, bien reconnue, on ne peut trop s'étonner que nos gouvernants n'aient point encore songé à cicatriser les plaies que nous venons de signaler et qui souillent notre belle patrie, à guérir la nation de cette lèpre qui la ronge et l'infecte. Désormais, ce sont là les expéditions que la jeunesse valide de la France doit entreprendre. Voilà les ennemis auxquels elle doit livrer des combats acharnés.

Les guerres et les expéditions entreprises contre de pareils adversaires ne susciteront point contre nous la haine et la jalousie de nos voisins, ne jetteront point la perturbation dans le monde ; nos richesses et notre population y trouveront un accroissement considérable, au lieu de la ruine qui les attend si l'on persévère dans les errements du passé.

Hardi donc ! que le gouvernement se mette énergiquement à l'œuvre ; qu'il mette tout l'entrain, qu'il déploie toute la célérité, toute la vigueur dans les travaux de la paix qu'on lui a vu porter dans les travaux de la guerre ; qu'il lance ses ingénieurs dans ces contrées fangeuses, pestilentielles, qu'il les traverse de routes, de canaux, de drains ; qu'il appelle à son secours toutes les données que la science moderne peut mettre à sa disposition pour assainir et fertiliser ces immenses plaines qui, depuis des siècles, ne furent que des foyers d'infection, vomissant la maladie et la mort, objet d'épouvante et d'horreur pour les mortels qui les fuient avec un trop juste effroi. Alors, on verra ces malheureuses localités stérilisées depuis un temps immémorial, se couvrir de riches moissons, de pâturages abondants où s'alimenteront de nombreux troupeaux. On y rencontrera une population vigoureuse et saine remplaçant les quelques êtres chétifs, dévorés par la fièvre, qui les parsèment aujourd'hui, les parcourant lentement, en soupirant, en sanglotant, travaillés qu'ils sont par toutes sortes de douleurs, affaisés sous le poids des plus affreuses misères; on y découvrira des demeures propres où règnera l'aisance, des habitations splendides où l'on déploiera le luxe de nos jours, au lieu des huttes humides et infectes qui sont maintenant les seuls repaires de la maladie, de l'infortune, de la dégradation physique et morale la plus repoussante, la plus révoltante.

Qu'on ne me vienne pas dire que les hommes qu'on emploiera à ces grands travaux d'assainissement, courront des risques nombreux, qu'ils seront nécessairement des victimes jetées en proie aux maladies miasmatiques qui dépeuplent ces contrées en dévorant prématurément leurs malheureux habitants. Est-ce que les quelques fièvres intermittentes auxquelles ils seront réellement exposés et qui pourront fort bien les atteindre, sont comparables au choléra, au typhus, aux dyssenteries rebelles, à la fièvre typhoïde, à la pourriture d'hôpital qui sont venus successivement ou tous ensemble atteindre nos armées en Crimée. Est-ce qu'elles peuvent être assimilées à ces fièvres qui firent périr tant de nos soldats dans les plaines humides de la basse Cochinchine, à l'ulcère dit de *la cochine*, maladie particulière à la province que nous y occupons ; à la fièvre jaune qui les frappa à la Véra-Crux et dans les Terres Chaudes du Mexique, sans compter les trouées que firent dans leurs rangs pressés, les balles, les boulets et la mitraille des ennemis qu'ils eurent à combattre dans ces différents pays. Et puis est-ce qu'un système hygiénique bien entendu ne les mettra pas à l'abri d'un bon nombre d'accidents qu'ils pourront avoir à redouter ? Et enfin, en cas de maladies, ne trouveront-ils pas au sein de la mère patrie, les secours efficaces qu'elle sait, en tout temps, prodiguer à ses enfants, mais qui redoubleront encore, lorsqu'elle les verra se dévouer pour elle, consacrer leurs forces, leurs facultés et leurs existences aux intérêts qui lui furent toujours si chers, de sa gloire et de sa prospérité ?

Il est une objection qui ne manquera pas de se produire. Mais, dira-t-on : ce ne sont pas nos soldats qui portent si glorieusement, qui tiennent si haut le drapeau de la France, qui ont fait retentir son nom jusqu'aux extrémités de la terre qui ont été le théâtre de leurs exploits fameux, que nous enverrons dans les marais pour y pratiquer des routes, y creuser des canaux. Et pourquoi pas? Est-ce que les conquêtes paisibles que nous conseillons, ne valent pas celles qui se font au bruit de la fusillade et du canon, entre les balles et les boulets, au milieu du sang et du carnage, des cris des blessés, du râle des mourants et de toutes les horreurs de la destruction ?

Le peuple romain qui régna si longtemps sur le monde, dont les causes de la grandeur et de la décadence ont occupé l'esprit de tant de génies, dont l'histoire a été, et sera le sujet des éternelles méditations de ceux qui marchent à la tête des empires, ce peuple grand par-dessus tous les autres employait cependant ses légions aux travaux d'utilité publique. Tous les généraux les plus fameux de la république et de l'empire, craignant que l'oisiveté ne vînt altérer la discipline dans les masses d'hommes réunis sous leurs ordres, leur firent souvent exécuter des travaux très-considérables qui soutenaient leurs forces et les rendaient plus aptes à supporter les fatigues de la guerre. Cette manière de faire, d'après les historiens, ne contribua pas à maintenir parmi les légions cette sage subordination qui a fait de tous temps et chez tous les peuples, la principale force des armées.

Mais, enfin, autres temps, autres mœurs! J'admets qu'on refuse d'employer nos militaires à des travaux, cependant, si éminemment utiles, si fructueux, si nécessaires pour la patrie au triple point de vue de la production, de l'hygiène publique et de l'accroissement de la population. N'est-il pas clair que le pays n'ayant plus sur les bras ces guerres, ces expéditions lointaines, il ne sentira plus le besoin d'enrégimenter autant d'hommes? Alors, tous ceux qui resteront disponibles dans leurs familles, au sein de la vie privée, seront libres de consacrer leurs forces, leur activité, leur intelligence aux travaux de la paix; et lorsque le gouvernement de la nation les conviera, lorsqu'il les appellera à son secours pour l'exécution de ces grandes entreprises, ils ne manqueront pas de répondre à son appel, et cette jeunesse si robuste, si fière qui ne fut que trop souvent entre les mains de ceux qui présidèrent aux destinées de la France, qu'un instrument de destruction et de ruine, deviendra enfin un agent puissant de production et de fertilisation. Elle aura l'immense avantage sur ses devancières, de n'employer ses forces vives que pour augmenter la richesse, la prospérité et le bien-être de ses concitoyens.

Après les marais et les Landes viendra le tour des plaines crayeuses, telles que celles qui font d'une partie de la Champagne un désert stérile.

M. Victor Hugo, dans *ses Misérables*, a un chapitre ainsi intitulé : *La terre appauvrie par la mer*. Qu'on me permette de le citer. Ici se trouve sa place aussi bien qu'où il a été inséré primitivement. Tout, dans les lignes qui vont suivre, est fait pour émouvoir : et le fond des choses capables de frapper l'esprit le moins impressionnable, et le style imagé qui vient surprendre, étonner l'imagination la plus riche. Voici comment s'exprime le grand penseur, l'écrivain de génie :

« Paris jette par an vingt-cinq millions à l'eau et ceci sans métaphore. Comment et de quelle façon ? jour et nuit. Dans quel but? sans but. Avec quelle pensée? sans y penser. Pour quoi faire? pour rien. Au moyen de quel organe? au moyen de son intestin. Quel est cet intestin? c'est son égoût. Vingt-cinq millions, c'est le plus modéré des chiffres approximatifs que donnent les évaluations de la science spéciale.

» La science après avoir longtemps tâtonné, sait aujourd'hui que le plus fécondant et le plus efficace des engrais, c'est l'engrais humain. La Chine, disons-le à notre honte, le savait avant nous. Pas un paysan chinois, c'est Eckoberg qui le dit, ne va à la ville sans rapporter aux deux extrémités de son bambou, deux seaux de ce que nous appelons immondices. Grâce à l'engrais humain, la terre en Chine, est aussi jeune qu'au temps d'Abraham. Le froment chinois rend jusqu'à cent-vingt fois la semence. Il n'est aucun guano comparable en fertilité au détritus d'une capitale. Une grande ville est le plus puissant des stercoraires. Employer la ville à fumer la plaine, ce serait une réussite certaine. Si notre or est fumier, en revanche, notre fumier est or. Que fait-on de cet or fumier! on le balaye à l'abîme.

» On expédie à grands frais des convois de navires afin de récolter au pôle austral la fiante des pétrels et des pingoins et l'incalculable élément d'opulence qu'on a sous la main, on l'envoie à la mer.

» Tout l'engrais humain et animal que le monde perd, rendu à la terre au lieu d'être jeté à l'eau, suffirait à nourrir le monde.

« Ces tas d'ordures du coin des bornes, ces tombereaux de boues cahotées la nuit dans les rues, ces affreux tonneaux de la voierie, ces fétides écoulements de fange souterrains que le pavé vous cache, savez-vous ce que c'est? c'est de la prairie en fleurs, c'est de l'herbe verte, c'est du serpolet, c'est du thym et de la sauge, c'est du gibier, c'est du bétail, c'est le mugissement satisfait de grands bœufs le soir, c'est du foin parfumé, c'est du blé doré, c'est du pain sur votre table, c'est du sang chaud dans vos veines, c'est de la santé, c'est de la joie, c'est de la vie. Ainsi le veut cette création mystérieuse qui est la transformation sur la terre et la transfiguration dans le ciel.

» Rendez cela au grand creuset, votre abondance en sortira. La nutrition des plantes fait la nourriture des hommes.

» Vous êtes maître de perdre cette richesse et de me trouver ridicule par sur le marché! Ce sera là le chef-d'œuvre de votre ignorance.

» La statistique a calculé que la France à elle seule fait tous les ans à l'Atlantique par la bouche de ses rivières un versement d'un demi-milliard. Notez ceci, avec cinq cents millions, on payerait le quart des dépenses du budjet. L'habileté de l'homme est telle qu'il aime mieux se débarrasser de cinq cents millions dans le ruisseau. C'est la substance même du peuple qu'emportent, ici goutte à goutte, là à flots, le misérable vomissement de nos égoûts dans les fleuves et le gigantesque ramassement de nos fleuves dans l'Océan. Chaque hoquet de nos cloaques nous coûte mille francs. A celà, deux résultats, la terre appauvrie et l'eau empestée. La faim sortant du sillon et la maladie sortant du fleuve. Il est notoire, par exemple, qu'à cette heure, la Tamise empeste Londres.

» Pour ce qui est de Paris, on a dû, dans ces derniers temps, transporter la plupart de ses embouchures d'égoûts en aval, au-dessous du dernier pont.

» Un double appareil tubulaire pourvu de soupapes et d'écluses de chasse, aspirant et foulant, un système de drainage élémentaire, simple comme le poumon de l'homme et qui est déjà en pleine fonction en Angleterre suffirait pour amener dans nos villes l'eau pure des champs et puis d'envoyer dans nos champs l'eau riche des villes, et ce facile va et vient, le plus simple du monde, retiendrait chez nous les cinq cents millions jetés dehors, on pense à autre chose.

» Le procédé actuel fait le mal en voulant faire le bien. L'intention est bonne, le résultat est triste. On croit expurger la ville, on étiole la population. Un égoût est un mal entendu. Quand partout le drainage, avec sa fonction double, restituant ce qu'il prend, aura remplacé l'égoût, simple lavage appauvrissant, alors, ceci étant combiné avec les données d'une économie sociale nouvelle, le produit de la terre sera décuplé et le problème de la misère sera singulièrement atténué. Ajoutez la suppression du parasitisme, il sera résolu.

» En attendant la richesse publique s'en va à la rivière et le coulage a lieu. Coulage est le mot. L'Europe se ruine de la sorte par épuisement.

» Quant à la France nous venons de dire son chiffre. Or, Paris contenant le vingt-cinquième de la population française totale, et le guano parisien étant le plus riche de tous; on reste au-dessous de la vérité en évaluant à vingt-cinq millions la part de perte de Paris dans le demi milliard que la France refuse annuellement. Ces vingt-cinq millions employés en assistance et en jouissance, doubleraient la splendeur de Paris. La ville les dépense en cloaques. De sorte que l'on peut dire que la grande prodigalité de Paris, sa fête merveilleuse, sa folie Beaujon, son orgie, son ruissellement d'or à pleines mains, son faste, son luxe, sa magnificence, c'est son égoût.

» C'est de cette façon que dans la cécité d'une mauvaise économie politique, on noie et on laisse aller à vau-l'eau et se perdre dans le gouffre le bien de tous. Il devrait y avoir des filets de St.-Cloud pour la fortune publique.

» Economiquement, le fait peut se résumer ainsi : Paris panier percé !

» Paris, cette ville modèle, ce patron des capitales bien faites, dont chaque peuple tâche d'avoir une copie, cette métropole de l'idéal, cette patrie auguste de l'initiative, de l'impulsion et de l'essai, ce centre, ce lien des esprits, cette ville nation, cette ruche de l'avenir, ce composé merveilleux de Babylone et de Corinthe, ferait au point de vue que nous venons de signaler, hausser les épaules à un paysan du Fo-Kian.

Imitez Paris, vous vous ruinerez.

» Au reste, particulièrement en ce gaspillage immémorial et insensé Paris lui-même imite.

» Ces surprenantes inepties ne sont pas nouvelles, ce n'est point de la sottise jeune. Les anciens agissaient comme les modernes. Les cloaques de Rome, dit Liebig, ont absorbé tout le bien-être du paysan romain. Quand la campagne de Rome fut ruinée par l'égout romain, Rome épuisa l'Italie, et quand elle eut mit l'Italie dans son cloaque, elle y versa la Sicile, puis la Sardaigne, puis l'Afrique, l'égout de Rome a englouti le monde. Ce cloaque offrait son engloutissement à la cité et à l'univers. Urbi et Orbi, ville éternelle, égout insondable.

» Pour ces choses-là, comme pour d'autres, Rome donne l'exemple, cet exemple, Paris le suit, avec toute la bêtise propre aux villes d'esprit. Pour les besoins de l'opération sur laquelle nous venons de nous expliquer, Paris a sous lui un autre Paris, un Paris d'égouts, lequel a ses rues, ses carrefours, ses places, ses impasses, ses artères et sa circulation, qui est de la fange avec la forme humaine de moins.

» Car il ne faut rien flatter, pas même un grand peuple, là où il y a tout, il y a l'ignominie à côté de la sublimité ! et si Paris contient Athènes, la ville de lumière, Tyr, la ville de puissance, Sparte, la ville de vertu, Ninive, la ville de prodiges, il contient aussi Lutèce, la ville de boue.

» D'ailleurs le cachet de sa puissance est là aussi, et la titanique sentine de Paris, réalise parmi les monuments, cet idéal étrange réalisé dans l'humanité par quelques hommes tels que Machiavel, Bacon et Mirabeau, le grandiose abject.

» Le sous sol de Paris, si l'œil pouvait en pénétrer la surface, présenterait l'aspect d'un madrépore colossal. Une éponge n'a guère plus de pertuis et de couleurs que la motte de terre de six lieues de tour sur laquelle repose l'antique grande ville. Sans parler des catacombes qui sont une cave à part, sans parler de l'inextricable treillis des conduits de gaz, sans compter le vaste système tubulaire de la distribution d'eau vive qui aboutit aux bornes fontaines, les égoûts à eux seuls font sous les deux rives un prodigieux réseau ténébreux, labyrinthe qui a pour fil sa pente.

» Là apparaît, dans la brume, le rat qui semble le produit de l'accouchement de Paris. »

En vérité, on reste anéanti quand on voit un fait d'une aussi frappante vérité mis en lumière d'une manière non moins énergique que brillante, et l'on se demande avec le plus profond étonnement, comment il a pu se faire que le peuple le plus éclairé de la terre soit resté, jusqu'ici, assez peu soucieux de son bien-être pour refuser de profiter d'une source de richesses aussi abondante que celle qui vient de lui être signalée par un de ces hommes éminents qui ont reçu du ciel le don si précieux de dessiller les yeux des mortels aveuglés, en les faisant rougir de la laideur de leurs défauts, en leur montrant les vices de leurs lois, de leurs procédés économiques, et en leur faisant toucher au doigt les plaies qui les dévorent uniquement parce qu'ils oublient leurs intérêts les plus chers, parcequ'ils veulent persister à méconnaître les biens immenses qu'ils ont, cependant, sous la main, et qu'ils refusent de saisir, soit par une négligence inqualifiable, soit par une ineptie d'autant plus désolante qu'elle n'a évidemment plus de raison d'être. Est-il un homme tant soit peu éclairé et ami de ses semblables qui ne gémisse en face d'une insouciance, d'une indifférence désormais inexplicable, sans justification possible, puisque les données de la science ont fourni la démonstration de l'erreur dans laquelle on était plongé. Il faut que l'ascendant des vieilles coutumes soit bien puissant, que les habitudes enracinées aient un bien grand empire sur les hommes !

Il est temps d'abandonner les errements trop funestes du passé. La terre de France s'est appauvrie, elle s'épuise et s'épuisera toujours de plus en plus si l'on ne trouve un moyen efficace de la renouveler, de lui rendre la fécondité indispensable à l'existence prospère de ses habitants. Hâtons-nous donc, recherchons avec empressement, saisissons avec avidité tous les procédés que la science pourra mettre à notre disposition pour rassembler, pour capter toutes les sources d'où nous pourrons faire jaillir la rénovation du sol, qui produirait des richesses intarissables s'il était convenablement traité.

Il ne faut pas que la postérité puisse dire de l'égoût de Paris ce que Liebig a pu dire de l'egoût de Rome. Non, l'on ne dira pas, dans les siècles futurs, que l'égoût de Paris, après avoir épuisé la France, épuisa l'Algérie, puis d'autres parties du monde, et enfin le monde ! Le cloaque de la grande ville moderne ne sera point un nouveau gouffre insondable où viendront s'enfouir les richesses de l'univers. Avec la science, qui de nos jours met à notre disposition d'immenses ressources, avec l'ardeur et le zèle de ceux qui la représentent, on découvrira, sans aucun doute, le moyen de mettre à profit l'incomparable produit des égoûts de la grande capitale et de toutes les villes de France; elle nous indiquera les procédés convenables, les procédés économiques de les utiliser, de les faire servir à la fécondation des terres stériles et incultes qui sont encore en si grand nombre sur la vaste étendue de notre territoire, et à refertiliser celles qui ont déjà perdu une bonne partie de la puissance de production qu'elles avaient primitivement.

Chacun sait qu'il existe dans la Champagne de vastes plaines stériles, crayeuses, qui impriment à cette partie de la province un cachet de désolation qui fait d'autant plus mal à voir qu'elle est entourée de tous côtés de terrains riches et fertiles. Eh bien ! si l'on rassemblait pendant quelques années le produit des égoûts de Paris et des grandes villes qui entourent ce malheureux pays, telles que les villes de Reims, Troyes, Châlons-sur-Marne, quels étonnants résultats ne tarderait-on pas à obtenir ? C'est alors qu'empruntant le style brillant de l'auteur que nous venons de citer, nous dirions que ces plaines, aujourd'hui si désolées, seraient des prairies en fleurs couvertes d'herbes vertes, de serpolet, de thym et de sauge ; qu'on y verrait du gibier, du bétail; qu'on y entendrait le soir le mugissement satisfait de grands bœufs ; qu'on y récolterait du foin parfumé, du blé doré; ce serait du pain sur la table de nombreux habitants qui y vivraient alors et qui maintenant n'y existent point et ne pourraient y exister ; ce serait du sang chaud dans leurs veines, de la santé, de la vie, enfin où règne aujourd'hui, presque sans partage, l'affreux silence de la mort [1]. (Il faut en excepter la partie où le camp existe : là, il y a de la vie et du mouvement).

Mais, pourra-t-on m'objecter, ce n'est pas tout que de trouver les masses d'engrais nécessaires à la fécondation des plaines d'une stérilité séculaire, il faut encore les y conduire des points les plus divers, ce qui ne pourra évidemment se faire qu'à force d'argent. Ces grandes entreprises ne pourront être mises à exécution qu'à l'aide de dépenses fabuleuses..... Oh ! si une pareille objection pouvait jamais se produire, cela serait véritablement cu-

[1] J'apprends que depuis huit ans que le camp de Châlons est établi dans cette plaine, elle se trouve déjà transformée. Les détritus qu'y laissent quelques milliers d'hommes et d'animaux dont la plus grande, la très-grande partie ne séjourne en ces lieux qu'un bien court espace de temps, chaque année, out amené ce résultat. Cela, ce me semble, vient confirmer d'une manière singulière ma manière de voir et prouver surabondamment que si l'on mettait en usage les moyens que j'indique, on arriverait avec une étonnante rapidité à des effets prodigieux.

rieux ! Comment, le gouvernement de la France fait transporter aux extrémités de la terre des armées avec un matériel de guerre considérable, pour exterminer des populations qui n'ont le plus souvent d'autres torts que de tenir aux mœurs, aux usages, aux habitudes et aux lois de leurs ancêtres, et quand il s'agirait de féconder de vastes territoires, au sein même de la patrie, on trouverait, avec la prodigieuse facilité, l'étonnante célérité de nos moyens de circulation, que les transports des matériaux nécessaires à cette fécondation seraient trop dispendieux ! Serait-ce, par hasard, parce que, cette fois, il ne s'agirait point de détruire des hommes, mais bien, au contraire, de faire naître et vivre de nombreux concitoyens qui viendraient accroître notre force, notre richesse et contribuer puissamment à notre prospérité? J'ose espérer qu'il ne viendra jamais à l'idée de personne de produire une objection aussi dénuée de sens et de raison, aussi radicalement absurde !

Au reste, le bon sens public a des droits imprescriptibles qu'il sait faire triompher tôt ou tard.

Pour moi, je suis intimement convaincu que ce sont là les travaux qu'il conviendrait au gouvernement de notre pays d'exécuter, que ce sont ces expéditions toutes paciques qu'il devrait en ce moment entreprendre au beau milieu de la terre de France. Celles-là seront beaucoup moins coûteuses et bien autrement fructueuses que toutes les autres qui ont été faites en ces derniers temps; car, on ne peut trop le redire, elles auront pour résultat immédiat, inévitable, infaillible, d'augmenter nos richesses, notre population et, comme conséquence forcée, notre puissance. Et puis, ces grandes entreprises mises à exécution par l'Etat ou sous son patronage, ne manqueraient pas de stimuler au dernier point l'industrie particulière, qui enfanterait des merveilles dans tout l'empire. Chaque département, chaque arrondissement, tous les cantons, toutes les communes se mettraient à l'œuvre à l'envi. Les terrains marécageux seraient partout assainis, avec l'humidité disparaîtraient les exhalaisons méphitiques et tout le cortége des maladies qui en sont la triste et inévitable conséquence [1]; une population valide, bien nourrie, bien entretenue, pleine de vie et de santé, peuplerait les campagnes. Avec la santé, la vigueur et les forces doubleraient, les travaux de tout genre prendraient un accroissement considérable; tous les terrains improductifs étant mis en culture, l'aisance arriverait, avec elle la lumière qui dissiperait les ténèbres épaisses qui couvrent depuis un temps immémorial les malheureuses populations des champs et les retiennent éternellement dans cette affreuse routine, qui est la cause principale de

---

[1] Il y a 12 à 15 ans, deux communes de l'arrondissement de Baume étaient dévorées par la fièvre typhoïde (Lanans et Servin). Dans ces deux localités, cette fièvre s'y reproduit très-souvent. Cette année là, elle y sévissait avec une intensité extraordinaire. Le curé dont la paroisse se compose de ces deux communes (M. Bontront) digne par son urbanité et sa charité de servir de modèle au curé de campagne, me dit avec la douleur la plus profonde en traversant avec moi l'une de ces communes où il m'accompagnait dans mes visites : Quand ne verrons nous plus cette fièvre qui nous visite si souvent? D'un geste rapide, lui indiquant une côte marécageuse qui domine les deux communes, je lui répondis : M. le curé quand vos paroissiens auront assaini ce terrain. Ah! monsieur, répliqua-t-il, que me dites-vous? jamais cela ne sera! A cette époque, on parlait peu ou point du drainage. Aujourd'hui, l'exclamation du bon curé n'aurait plus de raison d'être.

leur ruine ; car c'est bien cette routine qui est, en effet, la sentinelle vigilante, incorruptible, qui ferme l'accès à tous les genres de progrès dans cette grande industrie qui a si besoin de l'intelligence des hommes cultivés pour la transformer. Mais si une fois le flambeau de la science venait l'illuminer, la féconder, les peuples des campagnes sortis enfin des sentiers obscurs qu'ils ont suivis jusqu'ici, verraient tous les genres de prospérité venir les inonder, surtout s'ils étaient gouvernés en paix, pouvant se livrer tranquillement, ardemment aux travaux de la paix. Et qu'on n'aille pas croire qu'il y ait rien d'exagéré dans ce que nous disons, une pareille peinture n'a rien de fantastique. Je crois que la réalité ne manquerait pas de dépasser toutes les prévisions si le gouvernement voulait bien donner l'impulsion vigoureuse que nous lui conseillons, que nous le conjurons d'imprimer à l'agriculture en éclairant et en secondant cette population des champs qui, plus que jamais, est disposée à recevoir ces bienfaits qui peuvent seuls lui procurer le bien-être qu'il est dans l'intérêt de la nation tout entière qu'elle obtienne rapidement.

Il est une objection qui ne manquera pas de surgir dans l'esprit d'un bon nombre de lecteurs. Mais, me dira-t-on, il est impossible de transformer ainsi, comme par un coup de baguette, le génie d'une nation qui a des habitudes guerrières, qui a des antécédents, des traditions de gloire qui exaltent, enflamment et transportent les imaginations. Les brillants exploits, les scènes émouvantes, tragiques des champs de bataille, sont un aliment nécessaire à son activité bouillante. D'ailleurs, la France a un grand rôle à jouer dans le monde, elle exerce un prestige, elle a acquis une influence qu'elle ne peut laisser péricliter, qu'elle doit maintenir et augmenter même le plus possible. Pour obtenir ce grand résultat, sa puissance militaire doit toujours être formidable, et de temps en temps elle doit la faire sentir, l'exercer même d'une manière redoutable pour imprimer la crainte et le respect. On ne peut rapetisser la grande nation française aux proportions mesquines du petit peuple belge. Celui-ci, parqué en d'étroites limites, n'a point de ces antécédents brillants, de ces traditions glorieuses qui exaltent les esprits, il n'exerce aucun prestige, il n'a nulle influence dans le monde et ne peut en avoir. Cette petite nation, dans les conditions où elle se trouve placée, a sagement compris qu'elle devait se renfermer chez elle, employer toutes ses ressources à faire prospérer tous les genres d'industrie. L'agriculture a, d'une manière toute spéciale, fixé son attention ; cette industrie capitale est arrivée, chez elle, à un degré surprenant de prospérité ! Le sol belge est, en ce moment, je crois, le plus productif de l'Europe. Aussi, une population pressée, serrée, condensée, à l'abri d'un gouvernement éclairé, populaire, sagement progressif, vit-elle, dans ce tout petit coin du monde, en possession d'une aisance capable de faire envie aux peuples voisins.

Eh bien ! tout en admettant que le peuple français a de toutes autres destinées à accomplir que la petite nation dont je viens de parler, je ne puis croire, cependant, que quelque grand, quelque brillant, quelque guerrier qu'il soit, il ne puisse jamais se lasser des drames terribles qui se jouent sur les champs de bataille. Quelque belliqueuse que soit une nation, elle ne peut éternellement s'enivrer des fumées de la gloire. Pour les peuples, comme pour les individus, l'activité est nécessaire, mais le repos ne l'est pas moins.

Profitons donc des dispositions que semble maintenant avoir le pays à se reposer dans le sein de la paix : et, pendant ces moments précieux, sachons utiliser tous les moyens qui sont en si grand nombre à notre service, empressons-nous de les mettre à profit, en les consacrant aux grandes entreprises que nous venons de signaler. Le gouvernemeut, de cette manière, dotera la patrie de ressources immenses, et, ce qui est peut-être tout autrement sérieux, il communiquera, par l'exemple fructueux qu'il donnera, une impulsion aux améliorations agricoles, qui ne s'arrêtera plus, lors même que des guerres nouvelles forceraient quelques-uns de ses enfants à déserter les campagnes pour aller sur les champs de bataille verser leur sang pour l'honneur, la gloire ou la défense de la patrie.

Ne craignons pas que les habitudes guerrières se perdent en France ! De tout temps, les peuples qui habitèrent nos provinces eurent la passion des combats. Les Gaulois, comme les Francs, qui les ont suivis, furent tous possédés par cet esprit belliqueux, aventureux, qui semble être un produit du sol, du climat, de la position géographique, de je ne sais quoi, enfin. Qu'on cherche où l'on voudra la cause génératrice de ce fait, il est clair que Mars et Bellone n'ont jamais déserté ces contrées fameuses ; toujours ils les animèrent de leur souffle. Aussi n'avons-nous rien à redouter de ce côté. Les hommes qui sont nés et qui vivent dans la patrie des Brennus, des Vercingétorix, des Charlemagne, des Henri IV, des Condé, des Turenne, et surtout des Napoléon, n'abandonneront jamais les sentiers de la gloire militaire. Et puis, malgré la passion fiévreuse qui emporte, qui entraîne les nations guerrières dans les expéditions aventureuses, il est des moments où elles exigent une halte pour réfléchir à leurs intérêts matériels ; c'est alors qu'elles posent des problêmes, pour lesquels elles demandent une solution prompte. Elles sont impérieuses, impatientes, à cause de l'habitude qu'elles ont prise de marcher au pas de course. Eh bien ! qu'on ne s'y méprenne pas, ce temps paraît être arrivé pour la France, et les questions que nous venons de poser sont pleines d'actualité, palpitantes d'intérêt pour un bon nombre, peut-être même pour la grande majorité de nos concitoyens. Il est par trop notoire qu'elles sont destinées à avoir une influence immense sur le bien-être de la population tout entière, pour que l'opinion ne vienne pas en réclamer un sérieux examen au nom de la santé publique et de la prospérité nationale.

Il appartient, ce me semble, aux gouvernements sages et prévoyants de chercher à découvrir les tendances des peuples, et dès qu'ils connaissent leurs aspirations de se mettre à l'œuvre. Leur gloire, leur sécurité doivent les y engager, elles les y convient d'une manière toute particulière ; car, s'ils peuvent les rencontrer, les chercher et les trouver quelque part, c'est surtout dans les satisfactions qu'ils savent donner à l'opinion publique, qui est toujours un juge souverain et sûr, quand quelques-uns de ses intérêts majeurs, grands, puissants se trouvent en jeu.

Et enfin, à ne considérer que le génie de notre nation, si nous voulons lui être fidèles, si, au lieu de l'affaiblir, nous voulons le fortifier, le réconforter de plus en plus, comme il est de notre devoir, de notre avantage de le faire, c'est encore l'agriculture que nous devons favoriser, c'est à elle que nous devons prodiguer nos encouragements, c'est au progrès de cette industrie capitale que nous devrons par la suite consacrer la principale part de nos ressources, parce que les peuples agricoles furent toujours les peuples guerriers par excellence. En effet, n'est-ce pas au milieu de ces populations des champs, qui respirent constamment un air vif, pur et souvent embaumé, qui se livrent sans cesse à des travaux qui sont pour elles une gymnastique perpétuelle, qu'on rencontre la force, l'énergie, la vigueur, l'intrépidité qui conviennent, qui sont nécessaires aux nations militaires, conquérantes. Il suffit de jeter un coup d'œil sur l'histoire du monde, pour s'apercevoir, pour se convaincre que tous les peuples qui ont exercé une influence prépondérante, laissé une empreinte durable, des traces impérissables sur cette terre, aimèrent et firent tous prospérer l'agriculture. Ainsi, dans l'antiquité, le plus grand, le plus puissant, puisqu'il finit par soumettre tous les autres sous sa domination, le peuple romain, le peuple-roi, lorsqu'il commença à jeter les fondements de son incomparable pouvoir, allait chercher à la charrue les vaillants capitaines qu'il destinait au commandement de ses indomptables légions. Dans les plus beaux temps de la république romaine, le général comme le soldat, après avoir vaincu l'ennemi, repoussé les attaques dirigées contre la patrie, conjuré tous les dangers auxquels elle s'était trouvée exposée, revenaient tranquillement à la culture de leurs champs. En ces temps, l'on vit les plus grands caractères qui aient honoré la nature humaine, et qui ont jeté un éclat incomparable sur le peuple fameux dont nous parlons, quitter les armes pour la pioche et la queue de la charrue, qui traçait le sillon d'où devaient sortir les produits nécessaires à leur modeste existence. Ce fut la pratique de l'industrie agricole, qui fortifie le corps en amortissant les passions et en jetant le calme dans l'esprit, qui fut pour ce peuple la source de ces mœurs sévères qui donnèrent naissance à ces institutions solides qui le conduisirent à la puissance qu'on le vit acquérir par la suite, malgré qu'il eût déserté les voies de la saine morale à l'aide de laquelle ses pères avaient implanté les fondements du grand empire. Nous ne devons donc pas craindre de prodiguer nos faveurs à l'agriculture, de l'introduire, de la pousser dans les voies du progrès; c'est la base ferme, inébranlable de la puissance d'un peuple guerrier. C'est là que se trouvent les assises solides, durables, indestructibles d'une nation conquérante. C'est dans les richesses qui sont le produit immédiat du sol, c'est dans les hommes qui les font naître que se sont toujours rencontrées les plus grandes ressources des populations qui recherchent, qui ambitionnent la gloire des armes.

De nos jours, le peuple qui, depuis un demi siècle, a joué le plus grand rôle dans le monde, dont les possessions sont aussi nombreuses que variées sur toute la surface du globe, qui exerce sur toutes les mers un empire incontestable et rarement contesté, le peuple anglais, n'a-t-il pas tout fait pour rendre son agriculture prospère ?

Les plus grands propriétaires de cette nation si fameuse dans les temps modernes, passent la plus grande partie de l'année dans leurs terres, et consacrent une bonne part de leurs revenus à leur amélioration; tandis que chez nous, les gens privilégiés de la fortune, dissipent leurs richesses dans l'oisiveté des grandes villes, au milieu du luxe et des fêtes de nos brillantes cités. Quel est le choix à faire entre ces deux manières d'agir? De quel côté est la raison, l'amour de ses concitoyens, du bien public, et de la prospérité de la patrie ?

Quand une ville d'Angleterre est désignée pour être le siége d'un concours agricole, au jour dit, une foule compacte se précipite, se presse dans la ville privilégiée. Les hôtels, les maisons particulières, les places publiques sont remplies de monde; grands et petits, tous accourent à l'envi, tous veulent être témoins de la fête et juger par eux-mêmes les produits agricoles, les instruments aratoires, les animaux qui sont appelés à profiter des faveurs, à recevoir les récompenses, qu'on distribue en grand nombre et aux plus dignes dans ces brillantes solennités. Des discours sont prononcés, dans ces occasions, par les personnages les plus considérables, les plus haut placés dans la société et dans l'opinion publique; tous sont fiers de présider à ces fêtes de l'agriculture. Les lauréats sont choyés, applaudis unanimement par ce public immense; la renommée, avec ses cent mille voix, porte leur nom partout, jusqu'aux confins des trois royaumes.

En France, qu'un concours de ce genre arrive, c'est à peine s'il est remarqué, on s'en occupe peu, peu de monde se déplace pour se transporter au lieu du rendez-vous. Les grands personnages n'y prêtent qu'une faible attention, et les petits ne les imitent que trop. Cette malheureuse apathie, cette dangereuse insouciance sont désolantes, effrayante même ! Comment le peuple français peut-il ne pas accorder plus d'attention, de faveur, de considération à une industrie qui est incontestablement la base de sa fortune, le fondement de sa puissance? Trouvera qui pourra la raison de cette indifférence vraiment surprenante! Il semble que l'oreille du Français ne puisse être agréablement impressionnée que par le cliquetis des armes; il faut l'alignement de nombreux bataillons pour attirer ses regards. Il est beau de savoir manier un mousquet, pointer un canon, cela, incontestablement est très-avantageux quand la patrie est en danger, quand elle a à défendre son indépendance, son honneur ou ses libertés. Mais, quand les nations sont en paix, n'est-il pas infiniment utile, nécessaire même, de savoir se servir habilement des instruments aratoires? Ce sont ceux-là seuls qui peuvent faire sortir du sein de la terre ces richesses incalculables qui deviennent si précieuses dans les temps difficiles, lorsqu'un peuple se trouve contraint de lutter contre des ennemis puissants.

En Angleterre, il y a encore des écoles d'agriculture fondées non par l'Etat mais bien par des sociétés, car le peuple anglais ne reçoit point l'impulsion, il la communique; il a le bon esprit de ne confier à personne le soin de ses intérêts, il les prend entre ses mains et se charge de les faire prospérer. Bien différent en cela du peuple français qui reste dans une minorité perpétuelle, attendant et demandant tout à son gouvernement qu'il considère comme son éternel tuteur. Dans ces écoles, des cours se font sur toutes les sciences qui sont du domaine de l'agriculture ; il y a même, dans ces établissements, des chimistes très-distingués qui ne s'occupent que de chimie agricole, analysant les différents sols, les différents engrais, les plantes de toute sorte, etc. En France, il est inutile de chercher rien de semblable.

Aussi l'Angleterre a-t-elle obtenu une récompense digne de toute l'activité qu'elle a déployée et qu'elle déploie toujours en faveur de l'industrie agricole ; car, avec un territoire d'une étendue moitié moindre que celui de la France, sous un climat beaucoup moins favorable, elle obtint la même quantité de produits. En vérité, c'est avec la rougeur de l'humiliation au front, que nous nous voyons, nous Français, être obligés de faire un pareil aveu qui constate d'une manière si absolue notre infériorité. Tant il est vrai que la puissance de l'homme est aussi merveilleuse que surprenante. Il semble que tout doive fléchir devant sa volonté ; il suffit qu'il s'arme de persévérance, qu'il ne se laisse rebuter par aucun obstacle ; quand il en arrive là, son triomphe est assuré. C'est ce qu'a surabondamment prouvé le peuple anglais en rendant son agriculture très-prospère, sous un climat, cependant très-inclément. Si un jour, en France, on déployait le même zèle, la même activité, la même volonté dont ont fait preuve nos voisins; avec un sol supérieur en qualité, avec les avantages incomparables d'un climat infiniment plus heureux, personne ne pourrait prévoir les succès que nous réserverait l'avenir.

CONCLUSIONS.

Quelles sont les conclusions à tirer de la longue dissertation à laquelle nous venons de nous livrer ?

Elles sont aussi simples que nettes, positives et précises.

Le gouvernement du pays après avoir, pendant dix ans, consacré trois milliards à des guerres et à des expéditions lointaines, après avoir attaché de beaux fleurons à la couronne de gloire qui brillait déjà d'un si vif éclat sur le front de la France, doit, à mon avis, employer maintenant les ressources de la patrie à des guerres, à des expéditions contre des ennemis tout autrement terribles que ceux qu'il a eu à combattre jusqu'ici, tant par leur hostilité antique, perpétuelle, incessante que par leurs ravages désastreux et constants. Ces ennemis implacables dont la fureur redouble avec le temps, ce sont, comme nous l'avons dit, les marais fangeux, pestilentiels qui déversent la maladie et la mort au loin parmi les populations qui les entourent, outre qu'ils enlèvent encore à la production de très-grands espaces de terrains, ce sont les Landes stériles, les plaines sablonneuses, crayeuses qu'il faut fertiliser, ce sont les terrains communaux incultes où il faut faire naître de riches produits par une culture intelligente et éclairée. Voilà, évidemment, les plus grands ennemis de la santé publique, du bien-être des populations et de la richesse nationale. L'Etat ne doit reculer devant aucun sacrifice pour les détruire et les anéantir complétement.

Pendant qu'un gouvernement bienfaiteur de la nation accomplira ces grandes expéditions au milieu de nos provinces, l'industrie particulière stimulée, surexcitée par des travaux aussi prodigieux que fructueux, ne restera point en arrière. Ces magnifiques exemples ne manqueront pas de devenir contagieux. Les propriétaires grands et petits rivaliseront de zèle et d'ardeur ; les améliorations de tous genres viendront partout régénérer le sol sous l'impulsion active, puissante, colossale des gouvernants qui, cette fois, feront surgir du sein de la grande nation toutes les forces vives qu'elle recèle en si grand nombre pour marcher à la gloire solide, durable, éternelle dont l'auréole environnera pour toujours l'époque fortunée à laquelle sera réservée la transformation du territoire de notre belle patrie. Qu'après celà, les détritus de la ville soient encore utilisés à la fertilisation de la campagne et surtout que nous soyons assez heureux pour voir des connaissances suffisantes propagées au sein des populations rurales, alors, l'agriculture marchera sûrement et rapidement vers les brillantes destinées que tous les hommes éclairés ambitionnent pour elle.

Qu'on me dise maintenant les immenses avantages qui résulteront de tous ces travaux, de ces améliorations incomparables sous le quadruple rapport de l'économie politique, de l'hygiène publique, de l'agriculture, de l'accroissement de la population ; qu'on m'énumère les incroyables quantités de produits qui surgiront à la surface de tous ces terrains aujourd'hui stériles et désolés, le nombre inconcevable de maux, qui en ce moment, affligent leurs habitants et qui disparaîtront, le temps perdu nonseulement par les malades, les valétudinaires, mais encore par ceux qui les entourent, les dépenses accablantes qui en résultent forcément, pour les familles et les hôpitaux et qu'on mette en regard de tout cela, lorsque ces affreuses calamités auront disparu, le nombre de journées de travail qui existeront en plus, le nombre de capitaux économisés et produits par une population active, valide, plus nombreuse ; que l'on suppute l'ensemble des désavantages qui existent dans l'état actuel des choses, et que l'on fasse ensuite la même opération pour énumérer les avantages qui suivront les travaux conseillés par la science, et l'on pourra de cette manière, mais seulement de cette manière, arriver à établir l'étonnante différence qui se produira nécessairement entre deux positions si diamétralement opposées. Je laisse ces grands calculs à ceux qui pourront les faire, pour moi, je m'avoue impuissant à chiffrer les immenses bienfaits qui viendront couronner toutes les améliorations que nous venons de conseiller au nom des intérêts publics les plus considérables que l'on puisse invoquer de nos jours.

Les grandes choses en faveur desquelles nous venons de faire le plaidoyer qu'on vient de lire, sont assurément dignes du siècle que nous traversons, lui qui a déjà étonné le monde par tant et de si grandes merveilles, dignes du prince qui préside aux destinées de la glorieuse nation française et dont l'influence s'exerce encore d'une manière si surprenante sur le monde entier.

Ces projets grandioses, ces travaux quelque gigantesques qu'ils paraissent et qu'ils soient en effet, sont loin d'être au-dessus de l'esprit très-élevé de l'empereur; les prodigieux résultats qui en seraient la conséquence forcée, inévitable sont, de tout point, capables d'émouvoir son âme noble qui ne restera jamais insensible devant tout ce qui pourra entraîner les peuples qu'il gouverne dans les voies d'un progrès modéré, sage et sûr.

Malgré toutes ces considérations dont la justesse n'échappera à personne, on ne peut prévoir, on ne peut deviner le sort qui est réservé aux questions que je viens de discuter. Quelques-unes mûries, à ce qu'il me semble, depuis longtemps dans l'esprit du prince éminent qui marche à la tête de la nation, et trouvant déjà l'opinion publique bien disposée en leur faveur pourront recevoir prochainement une exécution plus ou moins complète, mais pas aussi large que je le désire et que je le demande; d'autres seront renvoyées à un avenir éloigné et qui malheureusement pourra se faire beaucoup attendre. Mais, quoi qu'il advienne, j'emporterai la conviction que j'ai fait acte de patriotisme en cherchant à fixer l'attention de mon pays sur des sources de prospérité à nulles autres comparables et d'où émaneraient des avantages tellement importants que si des mesures énergiques et véritablement efficaces venaient en provoquer un accomplissement prompt, elles doubleraient, peut-être, dans un espace de temps très-court, la fortune et la puissance de la France, quel que soit le degré de hauteur où on l'ait vu, cependant, parvenir dans ces dernières années.

Nota. Je lis dans un discours prononcé par l'un des principaux administrateurs du département du Doubs :

» Napoléon III n'a pas seulement donné à la France la
» Savoie et le comté de Nice, il lui a conquis les Landes de
» Gascogne, les plaines désolées de la Sologne ; il achè-
» vera de lui conquérir les étangs de la Dombe et de la
» Brenne, et il a foi que si la main de Dieu n'avait pas
» permis à son règne d'inscrire dans l'histoire toutes les
» grandes choses que nous avons vu s'accomplir, il aurait
» par ces seuls triomphes de la paix acquis des titres éter-
» nels à la reconnaissance du pays. »

Ces paroles élogieuses ne peuvent, ce me semble, être prises au pied de la lettre, mais pour cette raison, elles ne sont pas dénuées de fondement, elles n'en portent pas moins un certain cachet de vérité.

Il n'appartient pas à un homme quelque haut placé qu'il soit, quelque puissant qu'on puisse le supposer de faire tous les travaux nécessaires à l'assainissement et à la fécondation des lieux indiqués. Ses ressources propres à quelque hauteur qu'elles puissent parvenir, sa vie quelque longue qu'elle puisse être n'y suffiraient pas.

Il est vrai que la grande culture tend à transformer peu à peu la Sologne et à la faire rentrer parmi les sols fertiles. Il est encore vrai que la première impulsion donnée à des améliorations si considérables date de l'achat des domaines impériaux de Lamotte-Beuvron et de la Grillève. L'empereur en réhabilitant le progrès au sein d'un pays paralysé par la misère et l'ignorance a donné un essor considérable à la culture améliorante dans ces marais qui depuis 1848 avaient fixé l'attention de tous ceux qui avaient pris part au gouvernement de la France. Plusieurs grands propriétaires imitant ces beaux exemples ont eu le courage de s'établir en cette contrée malheureuse et fournissent chaque jour des preuves éclatantes de ce que l'on peut obtenir en utilisant le capital avec prudence et discernement à l'amélioration lente et progressive du sol.

J'ignore complètement ce que notre souverain a pu faire pour fertiliser les Landes de Gascogne, je sais cependant qu'il a fait quelque chose. J'ignore encore ce qu'il fera pour la Brenne, pour les Dombes. Le chemin de fer qui traversera sous peu ces dernières pourra déjà contribuer pour une certaine part à leur assainissement. Quant aux plaines crayeuses de la Champagne, il a établi, dit-on, dans l'intérieur du camp, cinq fermes qui se soutiennent à merveille.

Tous ces travaux quelques grands et précieux qu'ils soient, sont assurément loin de suffire à la fertilisation et à l'assainissement des différents terrains dont nous venons de parler. Il est évident qu'il n'y a que les ressources incomparables d'une nation comme la France ou de sociétés puissantes patronées par elle qui puissent mener à bonne fin des entreprises aussi grandioses. Mais cela n'empêche pas de reconnaître à la gloire du chef de l'Etat, de Napoléon III, que tous ses actes sont marqués au coin d'un jugement sûr, qu'ils portent l'empreinte d'une intelligence profonde des besoins de son époque. Tout ce qu'il a fait, tout ce qu'il a entrepris, tout ce qu'il met à exécution prouve qu'en agriculture, il a devancé l'opinion, qu'il a voulu la préparer et que les remarquables exemples qu'il a donnés et qu'il donne encore pourront servir de guide plus tard. Car calculant du petit au grand, quand l'empereur engagera les ressources de la France dans l'exécution des entreprises que nous avons dit devoir être le but où devaient tendre les efforts de nos gouvernants et qui naguère encore semblaient défier la puissance humaine, on pourra supputer, non-seulement, les dépenses qu'ils nécessiteront, mais encore les résultats que l'on pourra atteindre, auxquels on aura des droits légitimes de prétendre.

C'est ainsi que les hommes éminents savent faire triompher leurs idées élevées! Ils les jettent dans le monde, ils les laissent mûrir en les appuyant de beaux et de bons exemples, puis vient un jour où s'étant emparées des esprits, elles sont bientôt la source d'où découle les projets les plus considérables, elles deviennent l'origine de travaux auparavant inimaginables, le point de départ d'entreprises gigantesques dont l'utilité générale est tellement grande, qu'on n'avait pu la prévoir, qu'on n'aurait même osé l'espérer et dont les résultats s'offrent aux yeux des hommes étonnés comme incalculables pour l'avenir des peuples, pour la prospérité et la puissance des empires.

FIN.

BESANÇON.— IMPRIMERIE DE OUTHENIN CHALANDRE FILS.

www.ingramcontent.com/pod-product-compliance
Lightning Source LLC
LaVergne TN
LVHW021733080426
835510LV00010B/1227